GROßE KÄMPFER

Gladiatoren

Mark Roemhildt

corona

Ars Scribendi Verlag

Originaltitel: History's Greatest Warriors: Gladiators © 2012 Bellwether Media, Inc.

Übersetzung: Simone Mann, BVK Buch Verlag Kempen GmbH
Redaktion: Christina Klüyken / Sandy Willems-van der Gieth, BVK Buch Verlag Kempen GmbH
DTP deutsche Ausgabe: Freek Kuijstermans
Gedruckt in China.

ISBN 978-94-6341-541-5

Kontaktieren Sie lektorat@coronalesen.de oder besuchen Sie: www.coronalesen.de.
Fragen zu den Veröffentlichungen von Ars Scribendi richten Sie bitte an den Herausgeber.
Der Herausgeber übernimmt keine Verantwortung für Fehler oder Missverständnisse.

Rechenschaftspflicht
Der Herausgeber dankt den folgenden Personen und Organisationen für die Erlaubnis, ihr Material in dieser Publikation zu verwenden und zu reproduzieren: © Bahadir Kuyucu: Frontcover und 1; © UK City Images/Alamy: 4, 6, 15; © Georg Hochmuth/epa/Corbis: 8-9; © ARRCO/C Braun: 11; © Howard Sayer/ Alamy: 12, 17 (unten); © Nik Keevil/Alamy, 17 (rechts oben); © Jeff Dalton, 17 (Mitte); © Mary Evans Picture Library/Alamy, 18; © Leemage, 19; © John Dambik/Alamy, 20.

Mehr Informationen über unser Programm finden Sie auf www.coronalesen.de.
Bestellen können Sie über unsere Webseite oder über den (Online-)Buchhandel.

Inhaltsverzeichnis

Einige Wörter sind **fett** gedruckt. Erklärungen findest du auf Seite 22 im Glossar.

Wer waren die Gladiatoren?

Gladiatoren waren Kämpfer zur Zeit der Römer. Aber sie waren keine Soldaten. Gladiatoren waren **Entertainer.** Sie kämpften in einer **Arena,** um das römische Volk zu unterhalten. Die Gladiatoren kämpften gegeneinander und gegen wilde Tiere. Darüber freute sich das Publikum und jubelte laut.

Gladiatoren-Wissen

Das Kolosseum in Rom ist eine bekannte römische Arena.

Man nannte die Kämpfe in der Arena Gladiatoren-Spiele. Die ersten Spiele fanden im Jahr 264 **v. Chr.** statt. Die letzten Spiele wurden im Jahr 404 **n. Chr.** ausgetragen. Manchmal kämpften die Gladiatoren in Gruppen und stellten eine bekannte Schlacht nach. Aber meistens kämpften zwei oder mehr Gladiatoren gegeneinander. Außerdem kämpften sie ab und zu gegen Löwen, Tiger oder Bären. Ein Kampf war in der Regel beendet, wenn ein Gladiator starb.

Gladiatoren-Training

Zum Gladiator wurde man meistens nicht freiwillig. Viele Gladiatoren waren **Sklaven** oder Verbrecher, die zum Kampf gezwungen wurden. Aber einige Männer entschieden sich auch dazu, Gladiator zu werden. Sie hofften, dadurch reich und berühmt zu werden. Die Gladiatoren lernten in einer besonderen Schule, wie man kämpft. Diese Schule hieß *ludus*. Dort war das Leben schwer. Die Männer lebten in kleinen Zellen und wurden wie Gefangene behandelt. Sie wurden von älteren Gladiatoren unterrichtet und mussten fast den ganzen Tag lang trainieren. Sie lernten sogar, was man tun musste, wenn man starb.

Gladiatoren-Wissen

Die berühmteste Gladiatoren-Schule war *Ludus Magnus* in Rom. Von dieser Schule aus konnten die Gladiatoren durch Tunnel ins Kolosseum laufen.

Alle Gladiatoren mussten einen **Eid** ablegen. Sie hatten dann keine **Rechte** mehr und ließen sich wie Sklaven behandeln. Als Gegenleistung erhielten sie dafür Geld und Ruhm. Einige bekamen auch ihre Freiheit zurück. Dann konnten sie selbst eine Schule für Gladiatoren eröffnen. Mit der Ausbildung von Gladiatoren verdienten sie dann ihr Geld.

Gladiatoren-Wissen

Die größten Gladiatoren-Spiele fanden im Jahr 107 n. Chr. statt. An diesen Spielen nahmen 10 000 Gladiatoren teil.

Waffen und Kleidung

Es gab verschiedene Gladiatoren. Sie kämpften auf eine andere Art und Weise und nutzten unterschiedliche Waffen. Normalerweise verwendeten sie ein kurzes Schwert: das *Gladius*. Aber sie kämpften auch mit Speeren, Dolchen oder **Dreizacken.**

Die Römer sahen gerne Gladiatoren-Kämpfe, in denen die Verlierer starben. Deshalb durften die Gladiatoren ihren Körper nicht gut beschützen. Oft trugen sie nur einen **Lendenschurz.**
Aber einige Gladiatoren durften auch eine Rüstung und einen Helm mit **Visier** tragen. Es gab außerdem Gladiatoren, die ein Schild aus Leder oder Metall benutzen durften. Einen runden Schild nannte man *Parma.* Ein rechteckiger Schild hieß *Scutum.*

Gladiatoren-Wissen

Manchmal durfte das Publikum entscheiden, was mit einem Verlierer passierte: Entweder er durfte weiterleben oder er musste sterben.

Scutum

Gladiatoren-Arten

Es gab über 20 verschiedene Gladiatoren-Arten. Jede Art hatte eine andere Ausrüstung. Die bekanntesten Arten waren:

Art	Ausrüstung
Samnit	Schwert, hoher Schild, Helm ohne Gesichtsschutz, aber mit Federbusch, linke Beinschiene
Thraker	kurzes Krummschwert, kleiner, gewölbter Schild, Helm mit Visier, rechter Armschutz, Beinschienen
Murmillo	Schwert, gewölbter Schild, Helm mit Federkamm und Visier, linke Beinschiene, rechter Armschutz
Retiarier	Dreizack, Wurfnetz, Kurzschwert, Dolch, linker Armschutz und linke Schulterplatte
Secutor	kurzes Schwert, großer, rechteckiger Schild, eiförmiger Helm mit zwei winzigen Augenlöchern, linke Beinschiene, rechter Armschutz
Hoplomachus	Kurzschwert, großer Schild, Speer, Helm mit Visier, rechter Armschutz, Beinschienen

Thraker
Retiarier
Murmillo

Das Ende der Gladiatoren

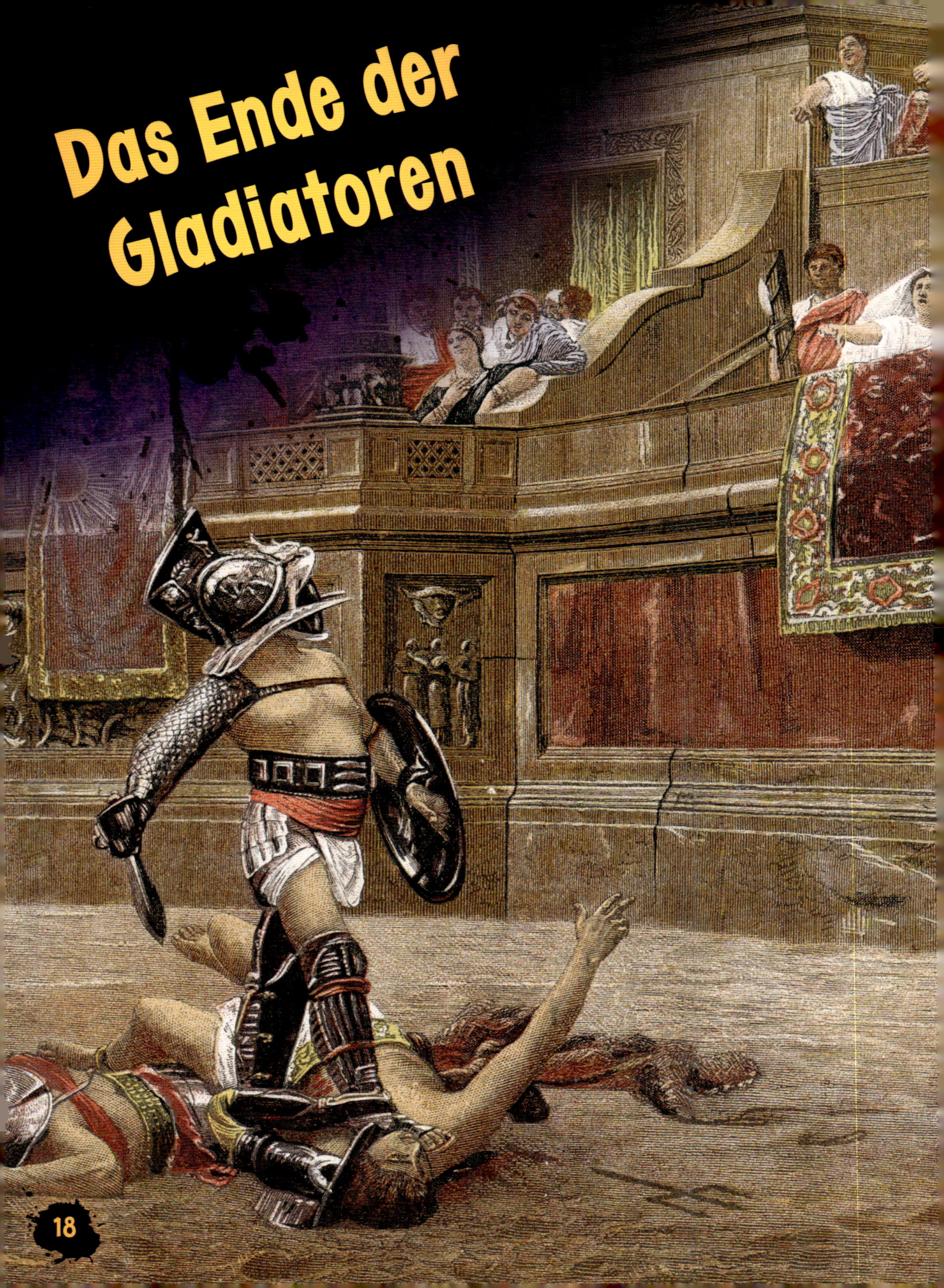

Ab dem Jahr 300 n. Chr. veränderte sich das **Römische Reich** langsam. Durch die vielen Kriege war das Reich geschwächt. Außerdem wurden immer mehr Römer zu **Christen.**
Die Gladiatoren-Kämpfe wurden abgeschafft.
Im Jahr 325 n. Chr. verbot Kaiser Konstantin die Gladiatoren-Spiele.

Gladiatoren-Wissen

Im Jahre 73 v. Chr. begann der Gladiator Spartakus einen **Aufstand,** zusammen mit einem Heer von 100 000 Sklaven! Nach zwei Jahren wurden Spartakus und sein Sklaven-Heer besiegt.

Unter Kaiser Konstantin durften keine Gladiatoren-Spiele mehr veranstaltet werden. Doch die Kämpfe fanden noch 100 Jahre **illegal** statt.
Im Jahr 404 n. Chr. schaffte Kaiser Honorius die Gladiatoren-Spiele endgültig ab. Dann hörten die blutigen Kämpfe wirklich auf. Die grausamen Gladiatoren verschwanden …

Glossar

Arena	Ein großes rundes Stadion mit Tribünen, in dem Wettkämpfe stattfinden.
Aufstand	Viele Menschen, die gleichzeitig zeigen, dass sie mit einer Situation unzufrieden sind und sie nicht mehr hinnehmen.
Christ	Jemand, der an Gott und seinen Sohn Jesus Christus glaubt.
Dreizack	eine Waffe mit drei Spitzen, ähnlich einer langen Gabel
Eid	Ein Versprechen, das man jemandem in einem feierlichen Rahmen gibt.
Entertainer	Jemand, der ein Publikum unterhält, zum Beispiel ein Musiker oder Zauberkünstler.
illegal	gegen das Gesetz verstoßen, nicht erlaubt sein
Lendenschurz	Ein Kleidungsstück, das über die Hüften als eine Art Unterhose getragen wird.
Rechte	Alles, was man nach dem Gesetz tun darf.
Römisches Reich	Das große, mächtige Herrschaftsgebiet der Alten Römer. Es bestand von etwa dem 8. Jahrhundert v. Chr. bis zum 7. Jahrhundert n. Chr.
Sklave	Ein Mensch, der als Eigentum eines anderen Menschen angesehen wird. Er muss hart arbeiten und wird nicht dafür bezahlt.
v. Chr. / n. Chr.	vor Christus / vor der Geburt Jesu Christi; nach Christus / nach der Geburt Jesu Christi
Visier	Ein beweglicher Teil vorne am Helm eines Gladiators, der sein Gesicht beschützte.

Erfahre noch mehr

Bücher:

Das alte Rom. Weltmacht der Antike (Was ist was, Band 55), Anne Funck, Tessloff Verlag 2018

Das alte Rom. Kaiser, Sklaven, Gladiatoren (memo Kids), Dorling Kindersley 2015

Altes Rom (Wieso? Weshalb? Warum? Profiwissen, Band 9), Dela Kienle, Ravensburger Buchverlag 2017

Internetseiten:

kinder.wdr.de/tv/kaiserkoenigkarl/epochen/roemer/roemer-gladiatorenzwei100.html

In diesem Film erfährst du, wer die Gladiatoren waren und wie ihr Leben zur Zeit der Römer aussah.

www.wasistwas.de/details-geschichte/mit-was–kaempften-gladiatoren.html

Auf dieser Internetseite kannst du noch einmal nachlesen, womit Gladiatoren kämpften. Welche Arten der Gladiatoren gab es und mit welchen Waffen gingen sie in die Arena?

Index